# 14E ANNIVERSAIRE

DE LA

# BATAILLE DE LOIGNY



2 DÉCEMBRE 1884

# DISCOURS

PRONONCÉ

PAR M. L'ABBÉ C. BEAUCHET,

Professeur de Rhétorique

à l'Institution Notre-Dame de Chartres.

NANCY,

IMPRIMERIE CATHOLIQUE DE R. VAGNER,

RUE DU MANÈGE, 3.

1884.

*Domine Deus, in simplicitate cordis mei lætus obtuli universa; et populum qui hic repertus est vidi cum ingenti gaudio. Custodi hanc voluntatem cordis eorum.*

Seigneur Dieu, dans la simplicité de mon cœur, j'ai sacrifié tout avec joie, et j'ai vu avec bonheur le peuple qui s'est trouvé là. Gardez dans les cœurs ces dispositions. (*Paralipomènes*, I, ch. XXIX, 17.)

Ainsi parlait David, en présence de tous les trésors destinés au temple de Jérusalem : il était heureux du complet dépouillement qu'il s'était imposé, heureux de trouver tout son peuple uni dans le désir du sacrifice et de l'abnégation, et il suppliait le Dieu d'Israël de garder dans les cœurs ces dispositions saintes.

Mes Frères, il y a des sacrifices qui se consomment dans l'épanouissement du cœur : la douceur et la joie semblent être leur unique élément. Il y en a d'autres qui s'accomplissent dans le sang ou les larmes : vous diriez qu'ils n'ont d'autre lot que l'amertume.

Toutefois, à regarder de près les uns et les autres, on y trouve, inséparablement unis dans un contraste saisissant, deux sentiments bien distincts. D'une part, c'est le sentiment douloureux d'un déchirement intime, le murmure de l'égoïsme qui, n'ayant jamais assez, se sent arracher quelque chose : et cette peine constitue le mérite. D'autre part, il se produit, à l'heure de la lutte morale d'où surgit le sacrifice, un phénomène contraire, un sentiment tout opposé, le sentiment d'un bonheur étrange qui n'a rien de commun avec les joies vulgaires.

On dirait que, du même coup qu'il retranche au cœur humain quelque chose de cher, le sacrifice le lui rend avec usure. Au sacrifice surhumain correspond une joie surhumaine. L'héroïsme seul en connaît le secret et peut en mesurer l'étendue.

Ne vous étonnez donc pas, M. F., si, devant vous rappeler un souvenir chargé de deuils inconsolables, un souvenir plein de tristesse pour notre patrie, j'ose lui prêter un langage où l'accent de la joie couvre la plainte du sacrifice. En effet, à la veille de la journée sanglante de Loigny, la France se relevait soudain avec une armée nouvelle, sa dernière et impuissante ressource, résolue à sauver du moins l'honneur par l'héroïsme du désespoir. La France alors ne semblait-elle pas dire au Dieu des armées : « Seigneur Dieu, dans la simplicité de mon cœur, j'ai sacrifié tout avec joie. » *In simplicitate cordis mei lætus obtuli universa.* Cette armée que j'envoie à la mort, c'est vraiment mon peuple entier qui s'unit et s'embrasse dans le malheur pour courir au sacrifice; et mon cœur de mère s'en est réjoui. « *Populum qui hic repertus est vidi cum ingenti gaudio.* » Gardez, Seigneur, gardez dans les cœurs ces dispositions : elles sont, pour le présent, la sauvegarde de l'honneur national, et, pour l'avenir, l'espoir d'un relèvement heureux : « *Deus Israël, custodi hanc voluntatem cordis eorum.* »

Or, M. F., Loigny fut le théâtre le plus touchant de l'immolation sanglante qui sauva notre honneur en multipliant nos désastres. Ma mission sera donc (puissé-je n'y pas trop faillir!) de vous montrer les caractères de ce sacrifice dont les héros du 2 décembre 1870 ont été les glorieuses victimes.

## I.

Il est dans la destinée de notre pays, M. F., d'àvoir, avec des siècles de prépondérance et une gloire à part, des périodes d'éclipse soudaine et complète, où la ruine s'annonce imminente, comme si un abîme venait de s'entr'ouvrir. N'est-ce pas le spectacle affreux qu'il offrit à l'Europe étonnée, dans la funeste année de 1870 ?

A celui qui ose comparer la France de juillet et la France de novembre, à trois mois seulement d'intervalle, il échappe un cri, rien qu'un cri impuissant de douleur et d'effroi. La grande voix de Bossuet lui-même n'eût trouvé, pour peindre un changement si rapide et si profond, que le cri sublime de l'éloquence aux abois : « Quel état, et quel état ! (1) ».

L'éclat d'une prospérité bruyante et la fièvre de l'enthousiasme ont fait place à l'affaissement du désespoir et à la stupeur. Le territoire envahi, une révolution devant l'ennemi qui laisse un moment le pouvoir incertain, la force vive de nos armées anéantie, trois cent mille hommes stupéfaits de voir les armes leur échapper et leurs bras se charger de chaînes, la capitale entourée d'un cercle de fer qui va l'étreindre, et les ennemis promenant insolemment leurs ravages dans les provinces : c'était l'abîme qui se creusait. La France allait-elle donc être rayée de la carte des nations ? Tout autre peuple, écoutant la prudence, eût fléchi sans retard devant le vainqueur. Aux pertes irréparables s'ajoutait la honte. La France n'accepte pas la honte. En moins de quelques semaines, à la stupéfaction de nos vainqueurs, une armée considérable surgit. Un moment, la nation espère ; et le succès de Coulmiers fut salué par notre patriotisme, comme les premiers feux de l'aurore au terme d'une nuit affreuse.

Mais le cœur de la nation n'a voulu que sauver

(1) *Sermon pour la profession de M*$^{lle}$ *de la Vallière* : Exorde.

l'honneur : il ne faut pas compter sur nos triomphes accoutumés. Et pourtant, si la bravoure parisienne, qui s'agite vaillamment sous les murs de la capitale avec les restes de la vieille armée, pouvait donner la main à la jeune armée de la Loire, que n'arriverait-il pas? Là est l'espoir, si l'espoir est possible. Là est le grand objet du sacrifice que la France prépare. Voilà comment, tandis que l'armée de Paris se faisait hacher en vain, l'armée de la Loire, en perdant une bataille décisive, vengeait l'honneur français et consommait le plus noble sacrifice. Oui, M. F., c'était un sacrifice, et un sacrifice vraiment national, sacrifice volontaire, sacrifice pur et saint. Jugez-en.

Quelle était donc cette armée qui allait ensanglanter les champs de Loigny? De quels éléments se trouvait-elle formée? A côté de quelques débris de l'armée régulière rassemblés de partout, ce sont des régiments de mobiles que la rapidité de nos désastres avait permis à peine d'organiser : fils du sillon ou de l'atelier, venus là sans exercice, soldats improvisés qui s'embarrassent dans leur armure elle-même improvisée, braves comme des lions, mais simples comme des agneaux qui s'en vont à une immolation plus glorieuse que profitable. Ce sont des corps francs : nobles hommes à l'esprit ardent, au cœur fort, que le patriotisme presse, que le péril appelle. Ce sont enfin les volontaires de l'Ouest, accourus de la terre étrangère au secours de la patrie en danger : ils ont changé de nom sans avoir besoin de changer leurs affections, toujours les fils dévoués de l'Eglise et de la France, unissant dans une même tendresse les deux causes les plus belles qu'il y ait au monde. N'y a-t-il pas là, M. F., quoique en nombre restreint, la France entière faisant à l'honneur un sacrifice vraiment national? Vous comprenez, comment, du sein de son amère tristesse et du milieu des apprêts du sacrifice, le cœur de la patrie pouvait dire : « J'ai vu avec joie le peuple qui s'est trouvé là ; c'étaient tous mes fils oubliant leurs divisions et mourant pour leur mère. *Et populum qui hic repertus est vidi cum gaudio.*

Oui, ils allaient mourir, et mourir victimes volontaires. Ai-je besoin de proclamer qu'il était libre, bien libre, votre dévoûment à vous, zouaves du Pape? Vos droits avaient été méconnus par une erreur politique, et votre bravoure même, par la légèreté de l'opinion; le devoir ne vous rappelait aucunement. Mais vous veniez pour répondre au cri de détresse de la patrie, votre mère, et pour montrer fort à propos qu'on n'aime jamais plus son pays que quand on aime passionnément Dieu et l'Eglise. Il n'était pas moins libre, moins volontaire, le concours généreux des francs-tireurs de Tours, dont les survivants, aujourd'hui même, se montrent si fidèles à leurs compagnons d'armes (1); le concours de ces francs-tireurs d'outre-mer, accourus pour attester que tous les enfants

(1) Ils avaient envoyé pour la cérémonie funèbre une couronne de la plus haute valeur.

de la France sont frères, surtout à l'heure du péril.

Mais, si vous savez, M. F., comment s'étaient formés ces régiments de marche, dont quelques-uns se couvrirent de gloire, vous reconnaîtrez encore que le sacrifice était volontaire dans ces soldats qui, déjà prisonniers de guerre, s'étaient arrachés des mains de l'ennemi pour venir, à travers mille obstacles, reprendre les armes; dans ces nombreux soldats, déjà quittes envers la patrie, qui apportaient, avec une ardeur toujours entière, une force amoindrie et des blessures à peine fermées.

Il y a plus : car il était dit qu'en cette bataille le sacrifice devait être entièrement libre. Mais ici, M. F., que la triste vérité qui s'impose s'efface aussitôt de notre mémoire et surtout de nos cœurs! Hélas! le malheur des circonstances, l'amoindrissement fatal de la discipline, l'erreur d'un moment permirent un désolant spectacle. Des soldats français laissèrent aux seuls braves tout le poids du péril comme aussi de la gloire. Ils n'entendirent point la voix de l'honneur qui commande les sacrifices volontaires. Plaignons-les, M. F.; ils oublièrent sans doute que le cœur de la patrie était là pour les recevoir, s'ils tombaient; et c'était la gloire humaine dans ce qu'elle a de plus pur. Ils ignoraient que, sous un emblême jusqu'alors inconnu dans les combats, le cœur de Dieu même était là pour recueillir leur sacrifice ; et c'était la gloire divine qui ne finit pas.

En effet, M. F., la gloire divine ne pouvait guère échapper à ces braves, car ce fut un sacrifice saint, et la victime était pure : *sacrificium sanctum, immaculatam hostiam*. On ne comprend guère qu'un homme, qui s'immole pour un devoir sanctionné de Dieu, reçoive de sa justice un traitement de rigueur. Mourir pour sa patrie, c'est mourir pour ses frères, mourir dans l'exercice de cet amour du prochain dont la pratique, au dire de l'Evangile, se confond avec l'amour de Dieu. A ce titre seul, toute victime se purifiait et appelait ces grâces de choix, ces éclairs soudains de lumière et de bonne volonté, dont l'éclat efface toute souillure.

Mais, pour juger de la pureté de la victime et de la sainteté du sacrifice, il faut sonder les dispositions de ceux qui s'immolent. Ah! disons-le bien haut, M. F., aucun champ de bataille ne fut témoin de dispositions plus pures, d'une acceptation plus consciente et plus pleine de la mort, d'un dévoûment fondé sur des motifs plus élevés. Quelles sublimes, quelles saintes dispositions dans ces nobles Volontaires de l'Ouest, plus nobles encore par la noblesse du cœur que par la noblesse de l'origine! On leur demandera leur vie au nom du patriotisme et de la foi, et ils iront à la mort pour Dieu et la patrie. Vous les verrez s'élancer, le front muni du signe des chrétiens, l'œil au ciel, au-devant du fer qui va les immoler. — *Lœtus obtuli universa.* — N'est-ce pas là un sacrifice sublime, un sacrifice saint?

Et pour qu'il n'y manque rien, M. F., le Dieu des batailles a permis que le drapeau du Sacré-

Cœur fût là pour les recevoir dans ses plis. Nobles jeunes hommes, fiers chrétiens, maintenant vous pouvez tomber sans crainte: l'étendard divin vous garantit l'éternel salut. Et vous, soldats de la patrie, chez qui la flamme religieuse est moins vive que la flamme patriotique, son ombre sainte s'étendra jusque sur vous : elle rendra plus pures les victimes, elle sanctifiera le sacrifice de tous.

## II.

Mais, M. F., pendant que je m'attarde à montrer dans les vaincus de Loigny la perfection du sacrifice, une crainte me vient : la crainte de jeter un voile sur le courage qui les anime. En présence d'un ennemi toujours victorieux, dont les coups sont à la fois mesurés et terribles, ont-ils déposé la fougue généreuse qui a conduit si souvent nos troupes à la victoire? Semblent-ils aller au-devant d'un égorgement fatal ? Non, non. Autrement, Loigny n'aurait pas été le théâtre d'un des plus beaux faits d'armes. Ah ! ils se battirent vaillamment, ces braves qui s'offraient à la mort. Deux fois, pendant ce jour, l'ennemi effrayé crut se voir arracher la victoire. Si la France eût pu vaincre, si la France eût pu être sauvée, elle eût vaincu, elle eût été sauvée par la main des héros qui vont illustrer ces plaines.

Le succès du combat de la veille a enflammé les courages ; l'espoir s'est emparé des cœurs ; l'illusion féconde redouble les énergies. Pendant que nos troupes se préparent à l'attaque, leur frémissement joyeux fait un parfait contraste avec la froide assurance des régiments ennemis. Le soleil lui-même, quoique en plein hiver, s'est levé brillant ; il est radieux comme pour un jour de fête. Ah ! la lutte sera ardente, la victoire sera disputée : vainqueurs et vaincus payeront à la mort un large tribut.

Vous n'attendez pas, M. F., que je vous retrace toutes les péripéties d'une telle bataille, qui dure depuis le matin jusqu'au soir, commence par un élan victorieux, se continue par de sanglantes alternatives de mouvements en avant et en arrière, pour finir, hélas ! par la retraite, retraite ferme et honorable, ne l'oublions pas, mais aussi par la ruine des espérances qu'on avait fondées sur l'armée de la Loire. D'ailleurs, le cercle des combats, dont Loigny fut le centre, s'étend bien au-delà de cette plaine. Que d'énergie belliqueuse déployée sur cette ligne de bataille qui s'allonge d'Orgères, en passant par Lumeau jusqu'à Poupry, pour revenir aux environs de Villepion, si glorieux la veille ! Le simple récit des comptes-rendus allemands, si peu impartial qu'il est, fournit encore un aliment à l'orgueil patriotique. Que le seul château de Goury, par exemple, coûta d'alarmes à nos vainqueurs ! Que de bravoure française il vit dépenser sous ses murs !

Mais restons à Loigny : c'est là surtout que l'héroïsme brille d'un éclat qui se prolongera aussi loin que notre histoire.

Voyez-vous ce régiment qui a pour mot d'ordre de se poster dans le village et d'y rester à tout prix, peut-être afin d'assurer la retraite? Il s'y est jeté avec une rapidité qui étonne et devance l'ennemi. Mais dès lors c'est la lutte à outrance et sans merci. Voilà ces guerriers fixés dans le cimetière comme dans un camp retranché : rien au monde ne les en arrachera. Déjà la résistance est longue ; le secours ne vient ni ne saurait venir ; le clairon qui sonne la retraite pour leurs frères retentit jusqu'à leurs oreilles ; l'ennemi presse ; les munitions s'épuisent, et la nuit, depuis longtemps close, grossit l'horreur du péril. N'importe, on tiendra bon jusqu'au bout. Ils sont enfin débordés, envahis, blessés, massacrés pour la plupart : le reste se défend jusque sous l'étreinte du vainqueur et ne suspend le feu que par crainte de frapper des frères prisonniers derrière lesquels l'ennemi s'abrite. Vaillants guerriers, dans la simplicité de leur cœur, ils se sont sacrifiés jusqu'au dernier. Gloire au 37e de marche! Son héroïsme seul pouvait sauver l'honneur de la bataille.

Mais qu'allons-nous dire d'un autre fait d'armes, capable de faire oublier, s'il était possible, celui que vous venez d'admirer? A lui seul, il remplit de sa gloire la rude journée de Loigny. Il égale en éclat les exploits des chevaliers et des chrétiens de l'âge héroïque. C'étaient d'ailleurs, pour la plupart, les fils des Croisés qui étaient là, confondant, comme eux, dans un même amour, l'Eglise et la France, et ils allaient attester, au prix de leur sang, que la base la plus solide, sinon l'unique, du patriotisme, c'est encore, c'est toujours la foi chrétienne.

Le commandant du 16e corps (1), si digne de donner des ordres à de pareils soldats, veut s'assurer la possession de Loigny, car il craint que l'ennemi ne coupe la retraite à son armée, et il appelle les braves à le suivre en avant. En avant! c'est aller à la mort, à une mort certaine. Les courages ordinaires se troublent et restent sur place. En avant! vous du moins qui avez des cœurs français et chrétiens! Pour Dieu et la patrie! Les zouaves ont entendu le triomphant appel. On leur a dit : Allez à la mort. « C'est à une fête ! » répond pour eux l'incomparable chef (2).

Dans la simplicité de leur cœur ils ont sacrifié tout avec joie. Et déjà le drapeau sacré s'agite en avant. Le bataillon ne prend conseil que de son ardeur, il se livre aux inspirations de l'audace, il se précipite à une charge presque sans exemple. Ah ! M. F., l'admiration la plus intrépide ne saurait le suivre dans ce choc épouvantable, où une poignée d'hommes va se mesurer avec une armée entière. Sans doute, ils vont porter des coups puis-

(1) Le général de Sonis.

(2) Le colonel, depuis général de Charette.

sants, vendre chèrement la vie qu'ils immolent, faire un glorieux carnage; mais dans un instant que sera devenue cette légion si brillante? L'imagination s'effraye, et les yeux se détournent.

Mais quoi donc? Le drapeau flotte au loin déjà, tout près du but à atteindre, tout près du village à conquérir. Le bois, le terrible bois, d'où l'ennemi dirigeait à l'abri ses coups, est aux mains des zouaves. L'armée allemande refoulée, hachée, s'est entr'ouverte devant leur audace; sa dernière réserve s'ébranle; de tous les points de la bataille elle rappelle ses troupes (1). Serait-ce la victoire pour le drapeau du Sacré-Cœur, devenu le drapeau français? Qu'un renfort accoure et soutienne les zouaves, les chances de la lutte ne sont plus les mêmes, le sort de la journée change, et demain, demain.....

Mais non! le Dieu des batailles en a décidé autrement. Il ne voulait qu'un sacrifice pour l'honneur de la France : l'honneur est vengé. Mais, hélas! que le sacrifice est sanglant! Où sont-ils, ces vaillants jeunes hommes, si beaux sous leur simple armure, si séduisants dans leur audace généreuse, dont l'approche a fait trembler l'ennemi? A peine en reste-t-il un petit nombre pour sauver le drapeau vénéré : les autres ne sont plus. Le fer les a moissonnés tour à tour, leurs cadavres couvrent le sol, et les sillons durcis suffisent à

(1) La guerre franco-allemande, par l'état-major prussien : Tome 3, page 487.

peine à absorber tout le sang de leurs blessures. Terre de Loigny, terre à jamais glorieuse, bois le sang de ces braves : c'est le sang du plus pur sacrifice, c'est la rançon de l'honneur !

Bientôt la nuit a couvert de son ombre les champs du carnage et dérobé aux regards un spectacle que l'imagination ne peut soutenir. Hélas ! ce voile de ténèbres écarte le secours et ajoute encore à l'horreur de la situation. La neige, tombant fine et froide, enveloppe bientôt d'un linceul glacé les morts, et avec les morts, hélas ! les mourants : victimes deux fois à plaindre, qui ne peuvent espérer de secours dans l'obscurité d'une telle nuit, et n'ont d'autre ressource que la lueur sinistre de l'incendie, pour prévenir les défaillances mortelles, soutenir une énergie qui tombe et retenir une vie qui s'échappe. Le silence de la mort, plus affreux que le vacarme de la mitraille, s'est établi sur ces champs de deuil et d'angoisse.

Pendant que vos bras sont enchaînés pour le secours, si les cris affaiblis des blessés, si les murmures plaintifs des agonisants, si le râle des mourants ne fait pas reculer votre courage qui compatit, allez vous pencher avec une pieuse émotion sur le corps ensanglanté de quelqu'une de ces victimes dont l'immolation se prolonge ; écoutez les derniers accents de l'âme qui s'arrache à sa prison douloureuse et voit l'éternité s'ouvrir ; recueillez les dernières paroles de ces lèvres prêtes à se fermer : c'est la consommation du sacrifice. « Seigneur Dieu, dans la simplicité de mon âme, je vous ai tout offert avec joie : vous avez agréé mon sacrifice et je meurs ! Je meurs pour mon pays et je veux mourir. Abrégez les angoisses du sacrifice, soutenez ma volonté jusque dans la défaillance suprême, jusqu'au dernier souffle ! Gardez ces dispositions. *Custodi hanc voluntatem.* »

Ah ! M. F., je n'imagine rien, je ne suppose rien. Pendant cette nuit lamentable, le Ciel eut le spectacle d'un grand nombre de ces immolations sublimes dans des âmes préparées au dévoûment ; et les esprits angéliques durent accueillir avec bonheur dans la patrie céleste ceux qui savaient aimer ainsi la patrie terrestre. Ah ! le Dieu qui tient en ses mains le sort des nations doit avoir en réserve, pour les verser à son heure, des grâces et des desseins de prédilection à l'égard d'un pays qui suscite de pareils dévoûments.

## III.

Un sacrifice à la fois si lamentable et si glorieux absorbe toutes les pensées, et le cœur se livre tout entier aux larmes de la tristesse et de l'admiration. Au risque d'être injuste pour des dévoûments bien grands aussi, puisqu'ils étaient à la mesure des nécessités et du cœur, on ne songe guère à louer ceux qui vinrent s'associer au sacrifice comme aussi au mérite de nos chères victimes. Je ne dirai donc rien, M. F., du zèle qui vous fit prodiguer vos soins avec les restes du pillage et de l'incendie; rien de ce curé légendaire qui eut le mérite et la gloire de réaliser dans sa plénitude le dévoûment sacerdotal; rien de ce Comité de secours pour qui le simple examen de ses archives assure un éloge au-dessus de ceux qu'on a pu faire. Je ne parlerai pas non plus de ce grand chrétien (1), à qui nous devons l'idée et l'impulsion puissante d'où sortit ce splendide monument funèbre. Son cœur de chrétien et de français, de père aussi, hélas! comprit et fit comprendre que la dépouille des héros de Loigny, morts dans les plis d'un drapeau sacré, pouvait bien reposer à l'ombre d'un lieu sacré, sous la garde du cœur de Dieu, de Celui qui se sacrifia pour le monde entier.

Grâce à des dons bien inspirés, ils sont donc là, ces débris du sacrifice patriotique, recueillis avec un zèle touchant, rassemblés par les soins les plus pieux. Ils sont là, et, pendant que je vous parle, vos pensées, vos regards se reportent invinciblement vers l'ossuaire avec un douloureux attendrissement.

Moi aussi, je m'en approche avec vous, M. F., les larmes dans le cœur et la prière sur les lèvres. Je partage l'émotion de ceux qui peuvent y saluer les reliques chéries d'un fils ou d'un frère, l'émotion plus poignante encore de ceux qui voudraient

(1) M. Vagner, directeur du journal l'*Espérance*, de Nancy, honoré par Pie IX de la Croix de chevalier de Saint-Grégoire-le-Grand et promu par S. S. Léon XIII à la dignité de commandeur du même Ordre.

pouvoir dire : « Tout n'a donc point péri de celui que je pleure et que j'ai tant aimé ! »

Mais pendant que je m'incline avec le respect le plus patriotique devant ces ossements desséchés, je ne sais quel frémissement intime s'empare de moi ; ma pensée s'agite, inquiète ; elle se précipite dans l'avenir pour y lire leur destin futur ; elle ressent le trouble d'Ezéchiel en sa vision prophétique, lorsque l'Esprit de Dieu, le plaçant en face des ossements desséchés des guerriers d'Israël, lui révélait la restauration du royaume : « *Putasne ossa ista vivent ?* » (1) Crois-tu que ces ossements vivront ?

Telle est la question qui se pose devant ma pensée, comme une énigme terrible. Ces ossements vivront-ils ? Recevront-ils longtemps les patriotiques hommages que nous leur rendons ? Continueront-ils à faire entendre avec succès des leçons de courage et de dévoûment à la patrie ? Sans doute, à l'abri de ce monument impérissable, il semble qu'ils n'aient rien à craindre de l'injure du temps. Mais ce n'est pas là une vie pour ceux qui ne sont plus. La vie pour eux, elle est dans le culte intime que les vivants leur consacrent ; elle est dans la puisance du souvenir qui s'impose à la reconnaissance et à l'admiration ; elle est surtout dans la puissance de l'exemple qui se fait comprendre, aimer, imiter. A ce prix, M. F., les restes glorieux de ces morts vivront-ils ? Ecoutez.

A l'heure présente, il s'est établi chez nous un

(1) Ezéchiel, ch. XXXVII, 3.

courant de doctrines qui n'est pas nouveau, car il remonte aussi loin que la passion humaine, mais qui a tout le fracas d'un torrent et semble entraîner à sa suite une partie considérable des intelligences. Ces doctrines sont variées dans leurs formes. Mais grossièrement matérialistes et sensuelles, ou délicatement enveloppées dans des systèmes plus rationnels, ou encore dissimulées sous des institutions humanitaires, elles sont en plein accord pour restreindre à la vie présente la destinée humaine, et pour inviter l'homme à y chercher l'entière satisfaction des instincts de sa nature. Mais du même coup qu'elles brisent le lien qui rattache les aspirations humaines à des réalités d'un autre monde, et cela, malgré les atténuations de l'honnêteté instinctive et les inconséquences de la droiture du cœur, ces doctrines détruisent la loi du sacrifice, c'est-à-dire ce qui fait la force indispensable des sociétés. Elles aboutissent fatalement à la loi dissolvante de l'individualisme et préparent le règne désastreux de l'égoïsme universel.

Si vous supprimez la religion dans le cœur de l'homme, vous enlevez la base du sacrifice ; et, sans l'esprit de sacrifice, que devient le patriotisme, aux heures où il est le plus impérieux? Dites, tant que vous voudrez, que l'effort du patriotisme n'a pas toujours pour levier le sentiment religieux. Je vous réponds : la sève survit à la chute de l'arbre et produit ses brillants phénomènes, sans qu'il y ait une cause apparente. Je vous réponds : Il y a sur les champs de bataille — nos aumôniers l'ont constaté avec bonheur — des réveils soudains de pensée chrétienne qui expliquent la bravoure d'un grand nombre et consolent leur noble trépas.

Quoi qu'on puisse prétendre, quoi qu'on puisse alléguer par des exemples contraires, qui seront toujours l'exception, c'en est fait du patriotisme, si les doctrines égoïstes viennent à pénétrer les masses. C'en est fait de vous, restes précieux des victimes du patriotisme : on se détournera de vous parce qu'on méconnaîtra la sainte folie du sacrifice qui vous a jetés dans la mort. Vous ne vivrez plus ni dans la reconnaissance, ni dans les hommages, ni bientôt dans le souvenir de vos concitoyens. Ce rien glorieux qui subsiste de vous périra à son tour. La cause à laquelle vous vous êtes sacrifiés sera elle-même bien près de disparaître.

Telle est, M. F., la triste solution de l'énigme qu'on pourrait entrevoir, à n'envisager que les symptômes du jour. Certes ils sont graves, ils commandent la crainte, mais non le désespoir. En effet, à l'encontre de ce torrent grossi, dont le fracas retentissant menace d'engloutir les grandes traditions du passé, il y a un immense courant opposé, parti des hauteurs du Calvaire et sorti de la source dn sacrifice divin. Il s'est creusé à travers les siècles un lit profond que rien ne saurait combler ; il a inondé tour à tour les peuples de ses eaux bienfaisantes, porté en tous lieux sa fécondité sainte, développé le germe des vertus privées et sociales, et en particulier l'amour du sacrifice. Contrariez, tant qu'il vous plaira, endiguez, resserrez ce courant : à un moment ou à l'autre, il rompra ses digues et emportera les obstacles. Ses bienfaits n'en seront que plus grands, et son action plus féconde. La violence même des digues qui l'entravent aura grandi sa force. Non, M. F., la religion ne périra pas ; et la religion a fait passer dans notre pays son principe d'immortalité. Nous avons encore trop de vertus chrétiennes, même ceux qui ne veulent pas s'en rendre compte, pour que l'amour de la patrie vienne à disparaître.

Et maintenant, vous avez la réponse cherchée et le secret de l'avenir. « *Putasne ossa ista vivent?* » Ces ossements desséchés vivront-ils? Oui, M. F., ils vivront parce que la religion vivra, et avec elle et par elle le patriotisme. Car la religion dira toujours : « Aimez vos frères et votre famille, aimez la patrie, véritable famille agrandie : Dieu n'accepte qu'à ce prix l'amour des créatures humaines.

Ossements précieux, vous vivrez donc dans l'amour de tous ceux qui aimeront la patrie et qui connaîtront la grandeur de votre sacrifice. Vous vivrez et vous parlerez. Vous direz quel bonheur il y a dans l'accomplissement du devoir et le don de soi-même, quand on peut dire à Dieu : « Je vous ai tout offert dans la simplicité de mon cœur. » Vous direz combien Dieu est bon à ceux qui meurent victimes du devoir, et comment, si la gloire du temps les fuit, la gloire de l'éternité ne saurait leur échapper. Vous parlerez, et l'on viendra écouter dans un religieux silence votre éloquent langage ;

on vous demandera, avec de nobles exemples, le secret des glorieux sacrifices.

Et qui sait? A des époques plus heureuses, ce pèlerinage patriotique, par lequel nous honorons un sacrifice en quelque sorte national, ne pourrait-il pas devenir à son tour un pèlerinage vraiment national? Cela viendra, M. F., au jour si désirable, et en dépit des apparences si probable, où ceux qui doivent guider les peuples ne croiront pas mieux assurer l'amour de la patrie qu'en lui donnant pour base le sentiment chrétien.



Nancy, imprimerie catholique de R. Vagner.

www.ingramcontent.com/pod-product-compliance
Lightning Source LLC
Chambersburg PA
CBHW060809280326
41934CB00010B/2612
*9782013743341*